Borjé & Äxel

Klaus Schrott in Rußland

BORJÉ & ÄXEL

Klaus Schrott in Rußland

Ein Poem in Versen

Weimar (Lahn) 2017

Für Gopi und ihre Mutter

ISBN 978-3-926385-58-1 (Bernd E. Scholz)

Wer ist »Klaus Schrott«?

Es handelt sich diesmal um Klaus Schrott. Klaus Schrott ist in gewissem Sinne ein Kind und wir sind sozusagen seine Eltern, obwohl Klaus Schrott andererseits unser Meister ist und wir seine schlechten Schüler sind oder besser gesagt – Klaus Schrott ist eine ungeheure Menge an ungebrauchter Energie und purer Lust am Leben.

Der meiste Schrott wird durch Unfälle, Explosionen und Kriege verursacht. Bei Klaus Schrott ist es nicht anders. Also ist Klaus Schrott prinzipiell ein Krieger. Weil er aber nie genug kriegen kann, kriegt er auch meistens gar nix. Und eben damit gibt sich Klaus zufrieden.

Eigentlich paßt Klaus Schrott in keinen Rahmen, selbst nicht in den Rahmen eines Buches, ganz zu schweigen von einer Gesellschaft oder Konfession.

Und angenommen einer hätte das versucht, dann würde Klaus' Nase ohnehin alle Grenzen und Rahmen sprengen. Denn Klaus ist stets am Suchen, sei es ein Job, Sinn des Lebens oder auch eine Ehefrau.

Offensichtlich ist Klaus ein Deutscher. Aber ist es wirklich so offensichtlich? Die Tatsache, daß sich unter dem Namen Schrott auch ein ewiger Ausländer verbergen kann, macht den Klaus besonders beliebt, selbst im Kreis der intellektuellen Auswanderer, ich meine damit die ewig unzufriedenen Brillen- und Bartträger.

Klaus' Eltern behaupten, Klaus sei 29. Er selbst aber meint, wenigstens schon seit dem Baumabstieg der Affen auf der Erde gelebt zu haben, unter verschiedenen Namen natürlich, in verschiedenen Ländern, z.B. als Ewgeni Onegin in Rußland oder auch als Schwejk in Tschechien. Ob man ihm Glauben schenken soll? Nimmt man also auf sein biblisches Alter Rücksicht, darf man dem Klaus auch manche Übertreibung verzeihen, denn die Realität, in der Klaus lebt, unterscheidet sich

drastisch von der unseren. Und die Vermutung, daß in dieser Klaus-Schrott-Dimension solche Phantasien womöglich zum Alltag gehören, wird sogar seine Welt für uns Sterbliche zugänglicher machen.
Haben Sie den Eindruck gewonnen, daß sich Klaus in einem Märchenland herumtreibt? Nein, dieses Land ist tatsächlich spürbar, sei es die Bundesrepublik Deutschland oder das einstige Rußland in der ehemaligen UdSSR. Bloß sieht Klaus diese Welt ganz anders. Entspannter? Vielleicht.

Olexa N. (d.i. Borjé)
(In Deutschland irgendwann zu Beginn des XXI. Jahrhunderts,
vor Einführung des Euro und
der geänderten deutschen Rechtschreibung)

Klaus Schrott ist neunundzwanzig.
Klaus Schrott ist ein Student.
Klaus Schrott wird schon bald dreißig.
Klaus Schrott, den keiner kennt.

Zur Zeit hat Klaus keinen Job,
doch kriegt er einen irgendwann.
Klaus ist doch nicht blöd.
Einmal kommt auch er mal dran.

Noch sein Opa hat gesagt:
„Klaus wird ein Geschäftsmann."
Klaus hat niemals was geschafft,
vielleicht später irgendwann.

Двадцати девятилетний
Клауз Шротт пока студент
Средний рост достаток средний
Подходящий ждёт момент.

Сейчас сидит он без работы
Но вскоре он её найдёт
Не глуп и скромен от природы
Не унывает Клауз Шротт,

Дед сказал ему однажды:
«Клауз, будешь инженер
Инженером может каждый.
Клауз Шротт — миллионер.

В найденной вчера газете
Он сегодня прочитал:
«Фирма ищет, нужен третий.
Должность — младший генерал.

Знаете прекрасно русский,
Симпатичны и умны
Опыт на лесопогрузке
И строительстве тюрьмы?

Heute morgen in der Zeitung,
die er gestern fand, stand:
Unsere Firma sucht die Leitung
für Arbeit im Ausland.

Sie sind jung, flexibel, schlau?
kennen russisch und das Land?
erfahren im Gefängnisbau?
und dabei sogar charmant?

Immer her mit der Bewerbung.
2.000.000 wird ihr Lohn.
Was auch passiert, für die Beerdigung
sorgt die Firma „K&Sohn".

„Das ist geil," sagt sich Klaus,
„ein wirklich gutes Angebot."
„Bald hab ich Auto, Frau und Haus
und von Opa großes Lob."

Что ж, подавайте заявленье.
Два миллиона ваш оклад.
На случай смерти и захороненьи
Несёт расскоды фирма « К.Д»

«Какая классная работа»
вздыхает Клауз, «Повезло,
Прекрасный дом, жена, охота –
Об этом дед мечтал ещё.

Поднатореть в постройке тюрем
Должен помочь вечерний курс.
Сидеть когда то все мы будем
Но президентов только в люкс.

Русский выучить сегодня
Может каждый без проблем.
Стоит это, если в сотнях
10000, нет ДМ.

Russisch lernen ist doch heute
überhaupt gar kein Problem.
Keine Rede von Ausbeute
bei 10.000 D.M.

In einer Woche wird er sprechen.
Qualität macht sich bezahlt.
Das klingt genauso wie im Märchen,
doch eine Woche ist viel Zeit.

Um den Gefängnisbau gut zu beherrschen,
besucht Klaus einen Abendkurs.
Zu allen Zeiten brauchten Herrscher
die Experten dieser Kunst.

Klaus ist ganz flexibel,
Schlau auch, jung sowieso,
ein bißchen zu sensibel –
Die Bewerbung geht an „Sohn & Co".

Он за неделю овладеет
Могучим русским языком.
А если Клауз не успеет?
Сомненья прочь, одним рывком!

Старый Шротт
« Умом Россию не понять.
Хоть это вовсе не курорт,
Так не хотелось покидать»

К бабам ихним нет цены
К тому же водка, сало, хрен.
Но главное не наложить в штаны
Если попал ты в русский плен.

Клсауз Шротт им всем покажет.
Плевать на снег, неурожай.
Он всё починит, сменит, смажет.
И ад вдруг превратится в рай.

Noch sprach sein Opa Wilhelm Schrott:
„Rußland ist ein Wunderland.
Dennoch ist es kein Kurort,
nicht zu fassen mit Verstand."

„Die Weiber sind dort einfach gut,
Schnaps und Speck sind traumhaft.
Man braucht zuweilen etwas Mut
In russischer Gefangenschaft."

Klaus Schrott wird's allen zeigen!
Er macht das Land zivilisiert.
Gewinne werden steigen,
wenn Klaus Schrott erst kommen wird.

Somit steht in der Bewerbung:
„Bitte eindringlich um Rückruf."
Klaus Schrott braucht keine Werbung.
Klaus Schrott ist einfach gut.

Nach einer Woche kommt der Brief:
„Wir erwarten Sie am Bau.
Herr Schrott, bitte freuen Sie sich
Sohn & Co. braucht Ihr Know-How."

Так и стояло в заявленьи:
« Прошу ответить поскорей»
Он лучше всех, к чему сомненья?
Реклама - это для детей.

Через неделю пришёл ответ:
ждём вас на стройке точно в срок.
Нужны ваш опыт и совет.
Мы поздравляем вас Клауз Шротт.

Наш главный рынок весь Урал.
И конкурентов хоть отбавляй.
Используйте свой потенциал
И пейте чаще крепкий чай.

Nach einer Woche kommt der Brief:
„Wir erwarten Sie am Bau.
Herr Schrott, bitte freuen Sie sich
Sohn & Co. braucht Ihr Know-How."

„Die erste Zeit sind Sie allein
am Hauptmarkt im Ural.
Versuchen Sie dort flott zu sein,
die Konkurrenz dort ist 'ne Qual."

„Was immer Sie begehren,
Autobus und Telefax
wollen wir ihnen nicht verwehren.
Zuerst aber – Gewinnzuwachs."

„Warum soll man noch länger warten?
Ziehen Sie sich noch wärmer an.
Von einem wollen wir abraten:
Führen Sie bloß keinen Tagesplan."

Dem Brief lag noch ein Ticket bei:
Von Frankfurt bis nach Krasnojarsk.
10.000 Rubel, 'ne Packung Tschai *,
die Dose mit dem Schutzgas.

„Das ist ja Wahnsinn, Ich bin reich.
Man vertraut mir – das ist klar.
Es fehlt die Nummer vom Bahnsteig
und das Foto vom russischen Zar."

Автобус, телефакс не в счёт.
Всё это позже без проблем.
Лишь увеличьте наш доход
И чем он больше, лучше тем.

Зачем ещё чего то ждать.
Оденьтесь потеплей – зима.
И в заключеньи хотим сказать
Забудьте о режиме дня.

*Tee

Schon ahnen alle Kumpels was —
Klaus Schrott hat endlich Glück.
Heute gibt es reichlich Bier vom Faß,
vom Eierkuchen auch ein Stück.

В письме 10000 плюс билет,
фирменный — «Франкфурт Красноярск»
Пачка чёрного чая, пистолет
Ненастоящий, всего лишь газ.

«Я стал богат, с ума сойти.
Мне доверяют и не зря.
Отсутствуют лишь номер пути
И фотография царя.

Друзья пронюхали уже
конечно дуракам везёт.
Поэту нужно подождать.
Бывают лучше поезда.

Но что от русских больше ждать"
....
....

* Hier bricht der russische Text leider ab...
* Здесь русский текст, к сожалению, обрывается...

Die Nacht ist schnell vorbei.
Klaus Schrott ist vollbepackt.
Der Zug fährt von Gleis 2.
Wir hoffen, daß es klappt.

10 Uhr Morgens ist die Abfahrt.
Papa, Mama, Opa weinen.
Bis zum Krasnojarsk von Frankfurt
sind's doch nur 10.000 Meilen.

Die warmen Sachen sind dabei.
Zum Lesen gibt's ein schönes Buch,
natürlich nur von dem Karl May:
„Die Indianer auf der Flucht".

Масла уже нет. Не побрезгуйте Магарином.
(Öl gibt's keins mehr. Nehmen Sie ruhig Margarine.)

Der Schaffner kriegt sein Trinkgeld.
In Rußland schmiert man, wenn man fährt.
Die Freundschaft ist dort das, was zählt,
Der Russischlehrer hat's erklärt.

Auf den Service muß man warten.
Gekochtes Wasser, Bettbezug.
Was andres konnte man erwarten,
doch nicht bei einem Rußlandzug.

Den Waggonnachbarn geht es viel besser.
Getränke, Essen – einfach toll.
Kann man die ganze Zeit nur fressen
und immer schreien: „Ja, zum Wohl!"?

Die beiden sind russische Brüder.
Mit dem Klaus sind sie zu dritt.
Man soll sich deshalb gar nicht wundern,
wenn Klaus Schrott bald russisch spricht.

„Privet drusja! Kak wi sowjete?" *
Klaus spricht seinen Satz.
Er ist doch gar kein Trottel -
Ein Freund in Rußland ist ein Schatz.

Ein Gespräch zu führen scheint unmöglich.
„Mein Russisch war wohl viel zu hoch.
Die beiden sind nicht allzu höflich.
Okay, dann wechsle ich halt zum Sport."

„Vi bolet Spartak ili 'Dinamo?'" **
Na endlich langsam, doch es geht.
So komisch sind die Eigennamen,
daß nur ein Russe sie versteht.

* Hallo Kumpels, wie du heißen?
** Du Bayern München oder erster FCK?

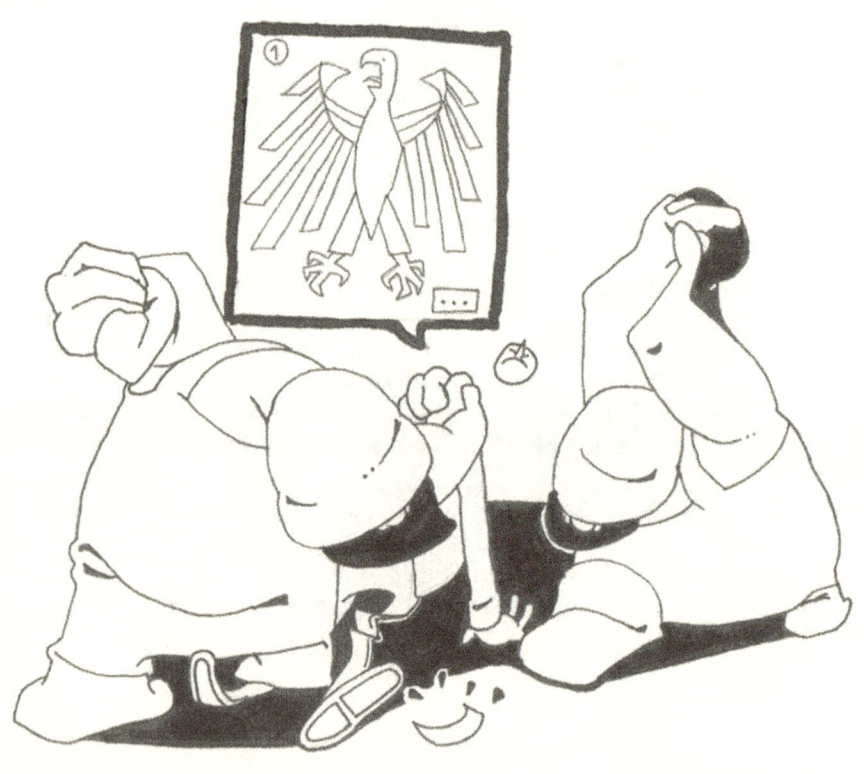

Меня зовут Клаус Шротт. Я из Германии. Меня зовут
(Ich heiße Klaus Schrott. Ich bin aus Deutschland. Ich heiße...)

Warum sind beide Brüder böse?
Die Fragen waren doch ganz korrekt?
Sind sie zufällig Arbeitslose?
Warum sonst wären sie genervt?

Was sprechen sie so miteinander?
So was hat Klaus nie gehört:
Eine Hündin, sie ist schwanger.
Dazwischen kommt ein fremdes Wort.

Sie sprechen über meine Kohle!!!
Wissen die, daß ich was hab?
In Deutschland haben sie Autos gestohlen?
Die stoßen sie mir später ab?

Wollen sie ihn tatsächlich schlagen?
Klaus sieht sich schon im Grab.
Die Spannung kann er nicht ertragen:
„Die wissen wohl, daß ich was hab."

Jetzt ist's so weit, bald fliegen Zähne.
Die beide bringen ihn wohl um.
„Drusa kak vi ne snat naverno
Ja soboi ne malij sum." *

Das haben sie wohl auch verstanden.
Einer beider Brüder lacht.
Die Freundschaftsprüfung ist bestanden.
Das ging ja leichter als gedacht.

Schon fließt der Wodka in die Gläser.
Als Imbiß dient schwarz' Kaviar.
Klaus fühlt sich schon wie Julius Cesar –
Genau genommen, wie der Zar.

Die Brüder erzählen tolle Witze.
Wie schade, daß Klaus nix versteht.
Wodka und Bier bringen ihn zum Schwitzen.
Klaus geht's gut? – Nun ja, es geht.

* Bei mir Kohle. Du bloß nix wissen

Der eine heißt Iwan der andere Wassili,
Zwei echte Russen, zweifellos.
Ihre Kleider sind nicht gerade billig,
vielleicht drei Nummern nur zu groß.

Früher waren sie Profiboxer.
Sie arbeiten in der „Mosprombank",
ganz einfach, als normale Schlosser
verdienen sie gut: 10.000 Mark.

Der Klaus atmet tief und schwer:
„Was kriegt dann ein Abteilungsleiter?
Bestimmt 10 - 20.000 mehr.
Die Stelle ist besetzt?" Ja leider.

Was hat er in Moskau schon vergessen —
Klaus Schrott fährt jetzt nach Krasnojarsk!
Wie können die Brüder so viel essen?
Ganz ehrlich, beide sind zu arg.

Was? Laden sie Klaus trotzdem ein?
Die Haupstadt sei ihm unvermeidlich.
Moskau. Wer kann schöner sein?
Moskau, du wirst nie langweilig

Was hat er in Krasnojarsk vergessen?
Dort herrscht, seit immer, König Frost.
Man braucht die Zeitung nur zu lesen.
Es gibt noch „Bild" hier ... Nun zum Trost.

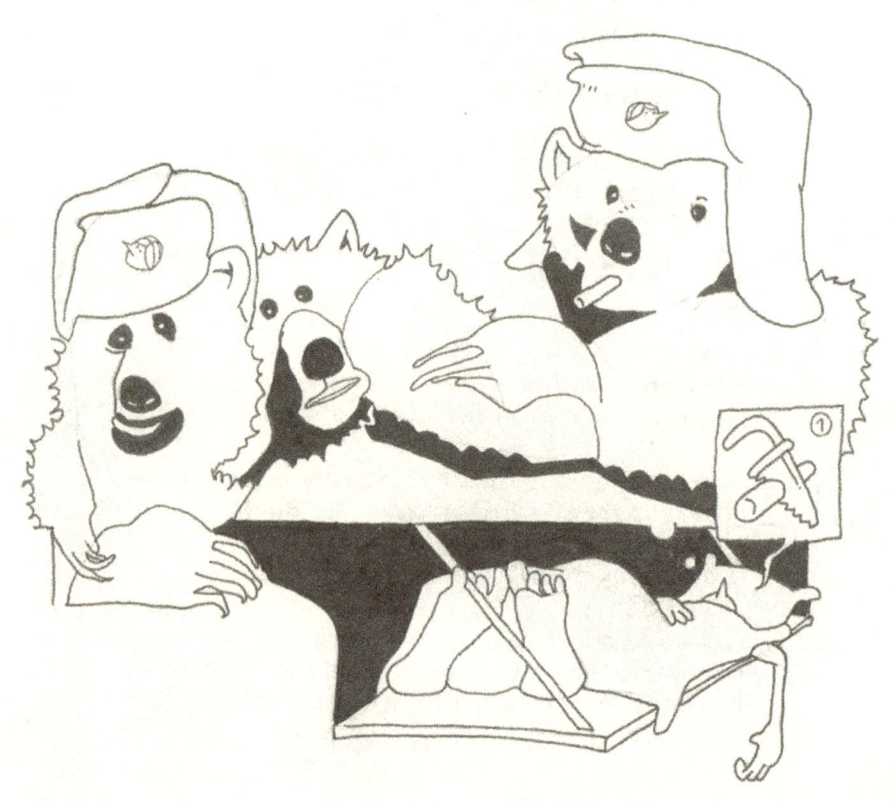

Хррр- хррр- пу

Um zwei Uhr nachts sieht Klaus im Traum:
Er wird zum Präsident gewählt.
Darüber ist Klaus nicht erstaunt –
Von Kindheit an war er ein Held.

Dann sieht er seine Untertanen.
Die Kumpels sind ein Bärenvolk.
Selbst Klaus sitzt unter einem Baum
und knirscht mit Zähnen, wie ein Wolf.

Aufgeweckt, nicht ausgeschlafen.
Der Alpentraum ist schon vorbei –
Das waren doch Bären, keine Affen,
und besser Wolf als Schaf zu sein.

Es fliegt die Zeit, so kurz vor Rußland.
Langsam fährt der Zug.
Die Gegend hier ähnelt dem Stuttgart,
gleich so riecht die Luft.

Der Schaffner bringt Klaus Tschai mit Zucker.
Das tut ihm gut, so gerade jetzt.
Gemütlich schlafen beide Brüder.
Für sie hat Klaus ein großes Herz.

Klaus prüft sein Geld. Das geht in Ordnung.
Ob sie nicht dennoch Schurken sind?
Ganz ehrlich, in die eigene Wohnung
ließ er sie nie rein ... bestimmt.

Na endlich stehen die beiden auf,
mit Wodka und schwarz' Kaviar.
Das ist gut für den Kreislauf?
Dann noch ein Glas, natürlich, klar.

Der Klaus versucht sofort sein bestes.
Die Brüder werden nicht enttäuscht:
„Togda dawaite pit' za trezwost'."
„Nu Klaus ti dajosch!" *

---

* Trinken wir auf die Nüchternheit. Klaus, du haust ja rein.

Малинка! Клубинка! Земляника! Ежевика ...
Malinka! Klubinka! Semljanika! Jeschewika ...

Die Grenze zwischen Ost und Westen.
Klaus Schrott betritt die andere Welt.
Der Mann vom Zoll zählt zu den besten,
der den Unterschied im Kopf behält.

Für die Brüder gibt's keinen Unterschied,
drei Flaschen Wodka haben's getan.
Sie singen laut ein Russenlied,
kein Grenzbeamter rührt sie an.

Für die Kontrolle ist Klaus vorbereitet.
Sein Geld ist gut versteckt.
Wie ein Russ ist er gekleidet –
Er hat den Pelzmantel entdeckt.

Für den Notfall, von der Firma
gab's 10 Rubel Schmiergeld.
Wsem wstat'! Ravnenie na pravo! Smirno!*
hat Klaus auch noch gelernt.

Auf's Klo zu gehen ist schon verboten.
Die Russen haben kein Mitleid.
Klaus fehlen sogar deutsche Worte --
Bis zum Klo ist es zu weit.

Sie haben nicht mal reingeschaut?
Für wen hat der Klaus dann gespielt?
Er wäre wirklich arg erstaunt,
wenn dieses hier als Regel gilt.

Er zieht den Mantel wieder aus.
In Rußland ist es viel zu heiß.
Die Brüder haben Respekt vor Klaus.
Er stinkt jetzt stark nach Streß und Schweiß.

---

* Strammgestanden! Augen nach rechts! Stillgestanden!

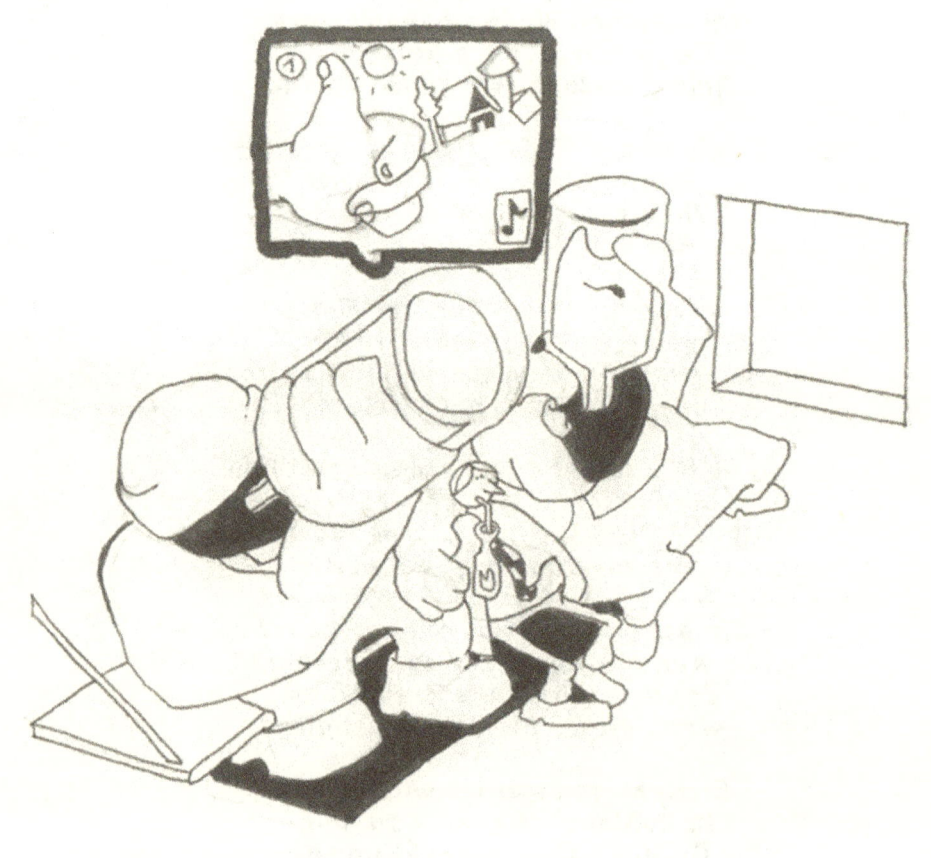

Хорошо в деревне летом.
Im Sommer ist es schön auf dem Dorf.

Die Russen trinken wieder Wodka.
Klaus kann nicht mehr, aber er muß.
„Davai Zakusivaj seledkoj"*,
Klaus träumt vom Käs mit Leberwurst.

* Los Klaus, hau den Hering rein.

А кто здесь собственно последний?
(Wer ist hier eigentlich der letzte?)

Na endlich, Moskau — Hauptstadt der Russen.
Von ihr hat Opa viel erzählt.
Sie lassen sich von Weibern küssen.
Die Moskau ist die andere Welt.

Den Ladenschluß gibt es hier kaum.
Die Haltestelle ist Supermarkt.
300 Leute auf engstem Raum.
Das Leben hier ist ziemlich hart.

А вы говорите по немецки?
(Sprechen Sie deutsch?)

Im Hotel – Klaus zahlt für alle,
wie ein russischer Geschäftsmann.
„Hey Klaus, menja sowut Natalja."
Klaus atmet nicht: „Eto ja Madam".*

* „Hey Süßer, ich bin Natalie."
„Meinen Se mich?" *

Приятно познакомится.
Angenehm, Schrott.

Warum kann Klaus sich nicht erinnern?
Hat er Natalja nur geträumt?
Das neue Land: Man kann fast spinnen.
Klaus Schrott ist noch etwas zerstreut.

Das Zimmer sieht anständig aus.
Kakerlaken im Waschbecken sind normal.
Das Tier im Eck ähnelt der Maus.
Das ist vielleicht ein Schweinestall.

Ein Moskauhotel — Was darf man erwarten?
Heißt Sternenzahl denn Qualität?
Man zieht die Mäuse vor die Ratten.
Kakerlaken sind ja nicht im Bett.

An der Klingel wurde hier gespart.
Telefon wäre Luxus.
Sein Kopf tut weh und das knallhart,
dafür steht die Flasche „Uksus" *.

* Essig

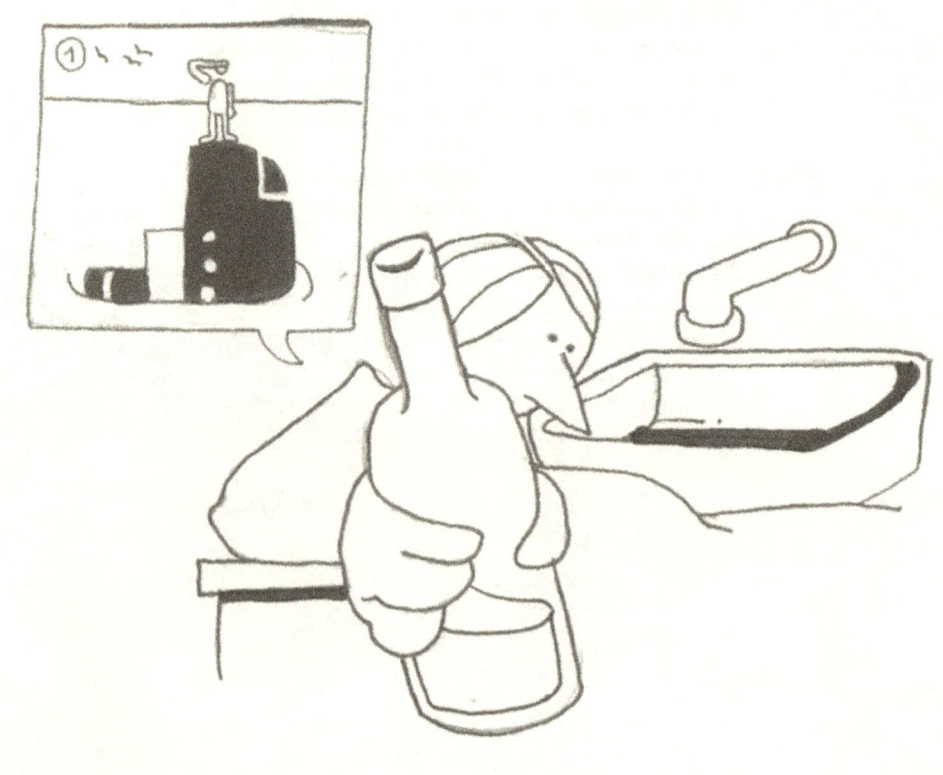

Жизнь прожить не поле перейти.
(Leben ist kein Gang übers Feld.)

Das ist das, was Klaus jetzt braucht.
Im Nu wird die ganze Flasche leer.
So was hat er nie gekauft.
Wo steht: Geeignet zum Verzehr?

Dem Klaus ist schon ganz hell geworden.
Er sucht nach seinem Geld.
Sind Frauen in Rußland so verdorben?
Hat er sich verzählt?

Wie sieht es mit dem Koffer aus?
Die Mäuse sind hier wirklich schnell.
Er hat nur noch seinen Namen Klaus
und Opas altes Mantelfell.

Er kann nicht fürs Hotel bezahlen,
wie schlimm sich das anhört.
Schon kommen die Gewissensqualen.
Er hätte hier kein Schwein gestört.

Die Russen sind gefährlich.
Ruft jemand die Polizei?
Gar nichts dagegen, ehrlich –
Er hat mehr Angst vor Schlägerei.

Beide Fenster sind weit auf,
13 Etagen nicht zu viel.
Mit Wäscheleine aus dem Haus:
Die Mittel heiligen das Ziel.

Die Leine ist nicht lang genug,
doch die Streichholzschachtel ist nicht leer.
Der Qualm der Socken im Luftzug
ruft bestimmt die Feuerwehr.

So wie geplant — einer kommt nach oben.
Für den Feuerwehrmann hat Klaus viel Lob.
Der Schaden war ja schnell behoben,
jetzt schnell nach unten, ohne Stop.

Широка страна моя родная.
Groß bist du mein Heimatland

Ein Gefühl von Freiheit ohne Grenzen.
Ihm fehlt nur Geld und ein Anzug.
Als erstes mal hinsetzen
und vom „Uksus" noch ein Schluck.

Anstatt Hotel ein Hochhaus?!
Wegen Frauen wird man leicht verrückt.
Wenigstens jedoch lebt Klaus.
In Rußland braucht ein jeder Glück

Er sieht jetzt aber schrecklich aus
in Mantel und in Hausschuh.
Sagt jemand ihm: „Ausländer raus!"
gibt Klaus das ohne weiteres zu.

Auch in Rußland wird gebettelt.
Gerade sind die Chancen hoch.
Wenn es Klaus davor nicht ekelt,
was erwartet ihn dann noch?

Но я вас очень прошу.
Aber ich bitte Sie sehr.

Aus Bananenkisten wird ein Schild gebastelt:
„Proschu 2000 Rublei. Potom otdam."*
Hier hat er nachts gerastet,
erkältet, hungrig, und ganz arm.

Am nächsten Morgen hält ein „Benz".
Das sind die Brüder, kann das sein?
Es sind die beiden, gar kein Scherz!
Klaus fühlt sich wirklich ziemlich klein.

„Sdorovo, mi tebja iskali",
fangen die Brüder freundlich an.
„W otele mi tebja ne sastali.
Posluschai, u nas prekrasnij Plan."**

Im Auto sitzen sie zwei Stunden.
Die Brüder brauchen einen Boß.
Klaus zu überreden ist gelungen.
Bald geht das alles wirklich los.

* Bitte Kohle. Kann rausgeben.
** Da ist er! Probleme?

У меня все хорошо. Все прекрасно. Я счастлив. Я полон сил ...
(Bei mir ist alles o.k. Alles prima. Ich bin glücklich. Ich fühle mich stark.)

In Zukunft heißen sie „Brother and Schrott",
installieren Türen in Sparkassen.
Mit eigenen Händen verdient man Brot,
Klaus Glück kann gar nicht nachlassen.

Die Firmengründung wird kein Problem,
man muß Papiere unterschreiben.
Die Steuern sind hoch und das extrem,
der Gewinn deshalb bescheiden.

Klaus leidet noch an Hunger und Durst.
Kann man das im Restaurant besprechen?
100 Unterschriften gegen 'ne Wurst.
Klaus läßt sich manchmal bestechen.

А что вы делаете вечером?
Und was machen Sie heute abend?

Er kriegt Büro mit Fax, Computer.
Die Sekretärin erwartet ihn.
Der Klaus sagt nun auf Russisch "Kruto!"*
Das Leben hat schon wieder Sinn,

Wie wäre es mit einem Anzug
Auch gute Schuhe wären richtig.
Krawatte, Socken, alles Rückzug.
Auch ein Tagesplaner wäre wichtig.

Die Brüder haben schon bezahlt.
Der Klaus ist perfekt ausgestattet.
Ist es in Rußland denn so kalt?
Was wird von Klaus erwartet?

Ein wenig Arbeit soll es sein –
ein wenig russische Geschichte,
und los Alter, hau einfach rein –
Lies öfter Zeitungsberichte.

* Wenn ich das Opa Wilhelm erzähle.

Ну что, сверим часы?
Wollen wir die Uhren vergleichen?

Der neue Rhythmus, Telefone heulen.
Die Sekretärin schreibt und schreibt und schreibt.
Kann der Chef sich nie erholen?
Dafür gibt es keine Zeit.

1000 Termine ohne Ende.
Stadt und Steuer, Polizei.
Hier zählt die Höhe deiner Spende.
Immer weiter, Klaus — Dai, dai, dai. *

Klaus Gehalt wird diesem Zweck geopfert.
Das geht anfangs nicht reibungslos.
Doch wird die Firma bald gefördert.
Der Klaus gibt dafür den Anstoß.

Mensch, die Nachfrage ist groß —
Die Türangelsicherheit soll steigen.
Na, Brüderchen, jetzt geht es los.
Ihr müßt den Kunden bestes zeigen.

* Drück ab. Drück ab. Drück ab.

Братья, Эй дубинушка ухнем.
Auf geht's, Brüder, das muß begossen werden.

Kleine, mittlere und große Sparkassen,
Gesellschaften, Bank und Feuerwehr
können sich auf Kompetenz verlassen.
Die Kundenzahl steigt immer mehr.

Alte Fenster und schlechte Türen
haben die Brüder schnell ersetzt.
Ganz sauber gemacht, fast ohne Spuren.
Die Brüder achten aufs Gesetz.

Zwei neue Türen, bezahlt hat keiner.
Klaus hat Geduld, der Kunde Geld.
Waren die Bruder schlechte Schreiner.
Oder hat Klaus sich verzählt?

Stadt, Steuer und Polizei
sind unerwünschte Gäste.
Es geht wieder los: Dai dai dai.
Klaus bleiben nicht mal Reste.

Eines morgens liest Klaus „Bild für Rußland":
Viele Banken sind ausgeräumt.
Dort ist's auf russisch einfach "Pusto". *
Das hat Klaus sich nicht erträumt.

Tief betroffen sind die Kunden.
Klaus Schrott gerät in schlechten Ruf.
Die Ermittlungen dauern schon 10 Stunden.
Polizist, der mutige Beruf.

Das ist Betrug mit schweren Folgen.
Das gibt 10 Jahre, ungefähr.
Es gibt tatsächlich keine Zeugen,
außer vielleicht der Feuerwehr.

* Hauen wir ab, Ede. Für uns gibt's hier nix.

„Bild" liest das ganze Land-
„Klaus, wo sind die Millionen?"
Klaus ist schon weltbekannt.
Die Klaus Schrott-Zeit hat begonnen.

Die Brüder haben ihn ausgenutzt.
Er hat stets an ihnen gezweifelt.
Klaus' Flügel sind gestutzt.
Die Beide haben ihn beneidet.

Moskau, du riesiger Bahnhof,
du Untergang der Sitten.
Moskau, du kochender Eintopf,
kannst du Klaus nicht mehr bewirten?

Noch sein Opa hat gesagt:
„Die Moskau ist total verrückt.
Die Moskau ist so rätselhaft.
Man sagt, daß es dort manchmal spukt."

Der Klaus muß alles neu erzählen:
Die Brüder kennt er aus dem Zug.
Die Russen wollen ihm unterstellen,
das alles sei nur Lug und Trug.

Er ist kein Mitglied der „Kosanostra".
Mit „Jakudsa" hat er nichts zu tun.
Er war einfach, auf russisch, – Prosto:*
Ein wenig dumm, hauptsächlich jung.

Das Gericht vertritt die Meinung:
Ab nach Sibirien, zwar sofort.
Die russische Entscheidung:
Für Straftäter der beste Ort.

Klaus Schrott soll weiterfahren.
Moskau war Zwischenstation.
Den Aufenthalt kann er sich sparen.
Jetzt geht es weiter im Waggon.

Genau dort wird Klaus echt gebraucht.
Zug und Verpflegung steht bereit.
Viel Einspruch ist hier nicht erlaubt.
Um 0 Uhr ist die Abfahrtszeit.

Kenntnis im Gefängnisbau
ist die Notwendigkeit der Region.
Die Lieblingsfarbe ist dort grau,
Hauptmaterial – Beton.

---

* Grün hinter den Ohren

Моя милиция меня бережёт – сначала посадит, потом стережёт.
(Meine Polizei schützt mich – zuerst buchtet sie mich ein, dann bürstet sie mich ab.)

Zu Sicherheit kriegt Klaus zwei Begleiter.
Sie bringen Klaus zum Zug.
Sie fahren mit ihm auch weiter,
Wieder steht Klaus unter Druck.

Die Begleiter sprechen kaum.
Es gibt Wasser und Brot.
Drei Personen auf engstem Raum.
Zwei Russen und Klaus Schrott.

Selbst auf Klo gehen sie zusammen.
Vertrauen ist nicht angesagt.
Klaus könnte etwas planen –
Vergiftung, Flucht und Attentat.

Vier Tage Wasser mit dem Brot.
Klaus hat ein wenig abgenommen.
Der Schaffner hält ihn gar für tot.
Das Geld fürs Ticket ist gewonnen.

Die Wächter fressen ohne Unterlaß,
Die Luft ist einfach unerträglich.
Der Klaus schreit verzweifelt: „Gas!
Das ist gesundheitschädlich."

Die Fenster bleiben stets geschlossen.
Bei minus 40 ist das nicht schlecht.
Gegen Regeln soll man nicht verstoßen,
Klaus Schrott fühlt sich jedoch im Recht.

Die Zugluft stört sie nicht beim Schlafen,
der Zug ist stark, Klaus ist zu leicht.
Sollen die Wächter jetzt erwachen –
Klaus Schrott ist weg. Es tut ihm leid.

Taiga-Bäume ohne Grenzen.
Klaus Schrott entdeckt die neue Welt.
Außer Schnee nichts zu ergänzen.
Kein Haus gibt's drunter, nicht mal ein Zelt.

Frei wie ein Vogel ist der Klaus.
Kein Mensch, Geräusch oder ein Tier.
Sibirien hat wohl keine Staus.
Rußland beginnt wohl möglich hier

Opa's Mantel zwingt zum Landen.
Löwen gibt's hier zum Glück nicht.
Menschenfresser – nicht vorhanden,
Weil es nach Menschen nicht mal riecht.

Klaus sitzt unter einem Baum.
Gewaltig sind Hunger und Durst.
Zu Essen gibt's natürlich kaum,
geschwiegen von 'ner Leberwurst.

Hoffentlich gibt's nicht viele Bären,
ansonsten wird Klaus wohl verspeist.
Rußland wird ihn dann verehren,
wenn ihn ein Bär in Stücke reißt.

Der Klaus sitzt auf dem Schnee,
der sich unverhofft bewegt.
Steckt unter ihm ein Reh?
Dieser Platz ist schon belegt.

Hunger hat Klaus schnell vergessen.
Gegenüber sitzt ein Bär.
Wird Klaus zerrissen und gefressen?
Kühl zu bleiben fällt ihm schwer.

Die Augen hat Klaus längst geschlossen,
in Deutschland steht sein warmes Bett.
Klaus Schrott hat nie ein Tier erschossen,
selbst zu Teddys war er nett.

Mischa Bär hat Zeit zum Raten –
Ist Klaus lebendig oder tot?
Was ging an diesem Ort von statten?
Vielleicht war es ein Mord.

Er gehört zur Kripo dieses Waldes.
Sein Opa ist auch Polizist:
„Aus dir", sagt er, „wird nix Gescheites,
weil du nicht einmal die Feinde siehst."

Dieser Wald zählt zu den größten.
Sein Chef heißt „großer Bär".
Es ist üblich hier im Osten –
Die Kassen sind seit langem leer.

Nicht nur Bären haben was zu sagen.
Wölfe und Füchse sind auch was wert.
Die andren dürfen nur noch klagen.
Selbst so was machen sie verkehrt.

In dem Wald ist alles gut geordnet.
Jedes Tier kennt seinen Platz.
Für alles gibt es 'ne Behörde.
Für jeden findet man Ersatz

Natürlich gibt's auch schlechte Tiere.
Sie stiften Unruhe in dem Wald.
Sie führen alle in die Irre
und schreien laut: „Es ist zu kalt."

Die Überlebenschancen, dementsprechend
hängen ab vom Fettvorat.
Am meisten haben die Verbrecher,
am wenigsten das Proletariat.

Mischa gehört nicht zu den Reichen.
Er sorgt dafür, daß alles läuft.
Bei seiner Arbeit sieht er Leichen.
Was macht dann Mischa Bär — er säuft.

Wer ist dieses mal schon umgekommen?
Einen Menschen sieht man hier sonst nie.
Vielleicht ist er nur angefroren.
Oder ist das eine sie?

Mischa Bär berührt den toten Klaus.
Das Opfer hat viel Angst gehabt.
Sein Gestank hält selbst ein Bär nicht aus.
Klaus hat die Hosen voll gemacht.

Behutsam trägt Mischa Bär die Leiche:
„In meinem Leben ertrage ich viel Mist.
Wenn ich Berufe miteinander vergleiche,
dann ist der schlimmste Polizist."

Die schwere Last fällt gar nicht schwer.
Vor Hunger ist Klaus wohl verkümmert.
Solche Kumpels wiegen mehr.
Er wurde sicher ausgeplündert

Nur langsam kommt Mischa Bär voran.
Einen Bus wird es hier niemals geben,
kein Auto, keine Autobahn –
Ein Bär hat schon ein schweres Leben.

Endlich sind die beiden angekommen.
Unter einem Baum sitzt noch ein Bär.
Die Ermittlungen haben schon begonnen:
„Wo kommt dieser Stinker her?"

Ganz langsam kommt der Klaus zu Sinnen.
Er sieht einen Wolf und einen Fuchs.
Für ihn gibt's hier nichts zu gewinnen.
Klaus simuliert Totalabsturz.

Die Bären können Deutsch – gar keine Frage.
„Wer du sind mit dem Beruf?"
Der Klaus erzählt von seiner Gabe:
„Bin Gefängnisbaumeister mit gutem Ruf."

Der große Bär wird angerufen.
So ein Beruf wird hier gefragt.
Der Klaus kriegt ein Stück Bärenkuchen.

Der große Bär hat 1000 Ideen:
Ein Gefängnis für jeden in Zukunft.
Klaus Schrott kann ihn gut verstehen:
Für jedes Schaf 'ne Unterkunft.

Zum großen Architekt ernannt
wird Klaus auf Händen getragen.
Sein Name ist schon waldbekannt
und endlich voller Magen.

Besonders Schafe brauchen Schutz
vor den immer bösen Wölfen.
Gefährlich wird ihnen auch der Fuchs.
Ein Gefängnis hat da stets geholfen.

Die Freiheit bleibt ganz unbeschränkt:
Im Gefängnis kann man sich bewegen.
Das Denken wird nicht eingeengt;
Kein Grund sich hier groß aufzuregen.

Die Idee ist einfach wie das Rad.
Niemand kann da etwas sagen.
4 Wände, Tür, 2 Fenster, Dach.
Kein Schaf soll sich beklagen.

Damit es keinen Streit gibt,
baut jedes Schaf die eigene Zelle.
Die schwere Arbeit hält sie fit,
Klaus Schrott ist die Ideenquelle.

Für jedes Schaf plant Klaus 'ne Bude.
Dafür wird bestes Holz verwendet.
12-Stundentag, und etwas müde?
Einige sind gar verendet.

Jede Hüttennummer wird vermerkt.
So ist ein Schaf gut kontrolliert.
Die Hütte wird außen versperrt,
damit ein Schaf sie nicht verliert.

Der große Bär ist sehr zufrieden.
Klaus wird bei ihm hoch geschätzt.
„Zusammen kann man Pläne schmieden."
Der Architekt legt's ihm ans Herz.

Zusammen gehen sie jagen und fischen,
trinken bärenstarkes Bier.
Klaus duzt schon ziemlich einfach „Mischa".
„Klaus" — antwortet das großes Tier.

Samstag hat die Arbeit angefangen.
Natürlich gibt es keinen Lohn.
Die Zeit ist ziemlich schnell vergangen —
Holz ist leichter als Beton.

Mischa Bär erteilt seinen Segen —
Jeder kriegt 'nen dicken Kuß.
Das ist kein Grund sich aufzuregen,
doch das ist auch gar kein Verlust.

Die Zellen sind komplett in Ordnung:
Bis ins Letzte durchgedacht.
Für jedes Tier 'ne eigene Wohnung.
Klaus, das hast du gut gemacht.

Die Präsidentenwahl gibt es hier auch.
Der große Bär ist schon zu alt.
Er hat einen ziemlich großen Bauch
und ein noch größeres Gehalt.

Die Wölfe, Füchse, selbst die Bären
wollen den neuen Präsident.
Den Schafen muß man noch erklären:
Klaus ist der beste im Moment.

Der große Bär hat fast nichts dagegen.
Das Wichtigste ist schon getan.
Zum Rentenschlaf sich aufzulegen,
hält der Klaus ihm dringend an.

Es hängen schon Plakate:
„Klaus Schrott ist unsere Zukunft.
Er senkt die Arbeitslosenrate
und führt uns weiter mit Vernunft."

Es gibt noch andere Kandidaten.
Einer ist sogar ein Schaf.
Es ist schon klar, ohne Debatten –
Keiner ist so gut und brav.

Die Aufklärungsaktion ist beendet,
der Wald hat für den Klaus gestimmt;
Der hat sich gleich ans Volk gewendet:
„Towaritschi, die Zeit beginnt!" *

Sein Traum geht in Erfüllung –
Der Klaus Schrott und die Tierwelt.
Es bedarf einer Umschulung,
die Wölfe sammeln schon das Geld.

* Genossen

Als erstes kommt die Autobahn,
dann so was wie „Mercedes Benz",
dann Arbeitsamt und Zukunftsplan
und keiner, der die Schule schwänzt.

Ins Ausland wird das Holz verkauft,
die Gelder sind gut investiert.
Es gibt keinen, der nicht daran glaubt.
Hat Klaus Schrott sich denn je geirrt?

Die Zahl der Arbeitslosen ist gesunken.
Für Arbeit kriegen Schafe Geld.
Dennoch schreien die Halunken:
„Klaus Schrott hat sich verzählt!"

Die Bären und Wölfe sind zufrieden,
sie haben nach wie vor die Macht.
Die Füchse bleiben arme Diebe,
wen stört das schon bei Nacht.

Endlich kann Klaus sich was leisten,
drei Autos und ein Bus,
die Klamotten, nur vom Feinsten,
sind für Klaus ein Muß.

Die Bären haben schöne Töchter.
Präsidenten sollen verheiratet sein.
Weil alle Bärinnen Klaus möchten,
wird Klaus nicht lang einsam sein.

In einer Woche soll's geschehen –
Natalja heißt das schöne Kind.
Sie brauchen sich nicht mal zu sehen,
Hauptsache Schrott, der Name stimmt.

Den Tieren geht's gut, gar keine Frage,
Das ist ein Winter, den kein Bär verschläft.
Auch von den Schafen – keine Klage.
Doch reibungslos läuft kein Geschäft.

Die Schießerei hat Samstags angefangen.
Die Jäger aus Moskau sind schon hier.
Jetzt ist nicht nur das Schaf gefangen,
bis Sonntag überlebt kein Tier.

Der Präsident macht in die Hosen.
Nach jedem Schuß prüft Klaus ob er lebt.
Es gibt Lebende und die Leblosen
und Gefahr, die ständig schwebt.

Abends wird noch mehr geschossen,
dies mal einfach nur aus Spaß.
Zum Wechseln hat Klaus keine Hosen,
doch dazu gibt es Anlaß.

Die Entscheidung ist getroffen,
der Präsident kapituliert.
Die Feinde aber sollen nicht hoffen,
daß Klaus jetzt sein Gesicht verliert.

Sein T-Shirt wird die weiße Fahne,
das Geld verschwindet in den Schuh,
den Kaffee ganz ohne Schlagsahne,
Ein Schluck „Uksus", die Tür ist zu.

Draußen steht nicht mehr ein Baum,
buchstäblich leer ist's überall.
War das vielleicht ein schlechter Traum?
Dann war's der schlimmste dieses Mal.

Im Tiefschnee steckt die weiße Fahne,
daneben sitzt verloren Schrott.
Die Autos haben alle Panne,
besser wäre jetzt Selbstmord.

Die Schneewehe regt sich heftig.
Schon steht vor Klaus der große Bär.
Das ist ja auch verständlich –
Allein zu sein fällt jedem schwer.

Bloß sie sind noch geblieben.
Klaus muß nach Deutschland, immerhin,
den Zug könnten sie kriegen,
doch ohne Auto und Benzin?

Der große Bär kennt sich zwar aus,
doch ist er schon zu alt.
Klaus muß ihn tragen, armer Klaus,
durch den dunklen Wald.

Zwei Tage schon ist Klaus belastet.
Klaus ist am Ende, nicht so der Wald.
Der große Bär hat gut gerastet,
braucht nur zum Pinkeln mal 'nen Halt.

Klaus Schrott bleibt in Bewegung.
„Links" sagt der große Bär „dann rechts".
Gegen Kälte hilft Aufregung,
nach einer Woche unterwegs.

Na endlich sind sie angekommen –
Anstatt 'nem Bahnhof, sieht man Schienen.
Klaus Schrott ist noch benommen,
der „Uksus" bringt zu Sinnen.

Der große Bär ist voll Ideen:
Der Klaus täuscht flink ein Unglück vor.
Die Züge bleiben meistens stehen.
Klaus legt auf's Gleis das linke Ohr.

Zugführer sind doch keine Tiere.
Fast jeder bremst bestimmt sofort.
Das wichtigste – nicht zu erfrieren,
sonst nutzt auch nicht wenn jemand stoppt.

Der Bär macht seine Arbeit auch,
den Säbel hat er schon gezückt.
Einen Zug erkennt man an dem Rauch,
dem Klaus hilft jetzt nur pures Glück.

Schon Stunden mit dem Ohr an Schienen.
Die Stille ist lauter als Lärm.
Vor Anstrengung könnte man spinnen
und die Kälte ist extrem.

Klaus kann schon ziemlich deutlich hören –
So klingt nur ein Rußlandzug.
Sein linkes Ohr ist festgefroren.
Für Klaus gibt's keinen Weg zurück.

Noch 100 Meter, 50, zwanzig.
Unglaublich, die Maschine hält.
Klaus Körper ist schon etwa eisig,
die Meter hat er mitgezählt.

5 Zentimeter sind geblieben.
Der arme Kerl ist bewußtlos.
Der Zugführer ist ausgestiegen.
Der große Bär legt heftig los.

Das Kommando hat er übernommen.
Man fährt bis Frankfurt ohne Halt.
Die beiden lassen sich verwöhnen.
Die Tickets werden nicht bezahlt.

Das linke Ohr wurde abgeschnitten.
Das reicht Klaus, wenn das rechte bleibt.
In Rußland herrschen harte Sitten.
Das spart gewaltig Geld und Zeit.

Es fahren Klaus und die zwei Russen,
doch diesmal ist einer ein Bär.
Der Klaus läßt sich von Mischa grüßen:
„Guten Morgen, lieber Herr!"

Der Stereoeffekt ist verschwunden.
Bei Klaus ist Mono dominant.
Ein kaputtes Ohr kann auch gesunden,
es war ja nicht die linke Hand.

Der Zugführer will in Frankfurt bleiben,
er öffnet die Firma „Einmannzug."
Der Klaus muß ihm den Weg beschreiben,
nach einem großen „Uksus"-Schluck.

Langsam erreichen sie die Grenze.
Die Moskau ist schon lang vorbei.
Hat jemand irgendwelche Ängste?
Wenn nicht, dann ist die Grenze frei.

Mit Vollgas auf die neuen Schienen.
Klaus Schrott, zu allem bereit.
Die Grenzbeamten hinter ihnen
verfolgten sie nicht weit.

Der große Bär kann weiter schlafen.
Der Zugführer zeigt Klaus, wie man fährt.
Wie kann man immer schaffen, schaffen?
Klaus fühlt sich schon ganz ausgeleert.

Klaus kann den Zug schon sehr gut fahren;
in Zukunft bei der Deutschen Bahn?
Immer kühlen Kopf bewahren.
Was rät dazu sein Tagesplan?

Die Deutsche Grenze ist überschritten.
Man achtet wieder rechts vor links.
Es herrschen unbequeme Sitten,
ansonsten geht es schnell und fix.

Die deutschen Zeitungen sind die schnellsten:
„Zug aus Sibirien wird gesucht.
Wilde Russen hier im Westen.
Die alten Knacker. Die verrückte Flucht."

Der große Bär ist aufgestanden.
Hmm ... Europa, das macht Eindruck.
Welchen, hat er nicht verstanden.
So was weiß der Kuckuck.

Nur fünf Minuten noch bis Frankfurt.
Moment Mal, ist das nicht New York?
Wolkenkratzer, fette Katzen, Armut,
der Zugführer erleidet Schock.

Die Polizei hat brav gewartet.
„Willkommen", steht auf dem grünen Schild.
Die Begrüßung wird gestartet.
„Klaus ist zurück!", verkündet „Bild".

Mann ... Papa, Mama mit Verwandten,
200 Leute auf dem Gleis.
Mitschüler, Lehrer und Bekannte.
Das ist wirklich mehr als heiß.

Alle drei sind ausgestiegen:
Der Klaus, der Zugführer, der große Bär.
Die Reporter brummen wie die Fliegen.
Herr Zugführer, Herr, Herr, Herr ...

Bis morgens gab es Zeit zum Feiern.
Eine russische Gruppe hat gespielt.
Ursprünglich kommen die Kumpels aus Bayern,
wo was wie Russisch als Sprache gilt.

Der große Bär war Supertreffer –
getanzt, getrunken und gekotzt.
Große Tiere sind nicht immer Verbrecher.
Doch immer öfter, geht`s in Richtung Ost.

Opa Wilhelm erzählte tolle Geschichten.
Die Russen haben damals ein Flugzeug entführt.
Auf die Stories kann man nicht verzichten.
Jeden Zugentführer hätten sie berührt.

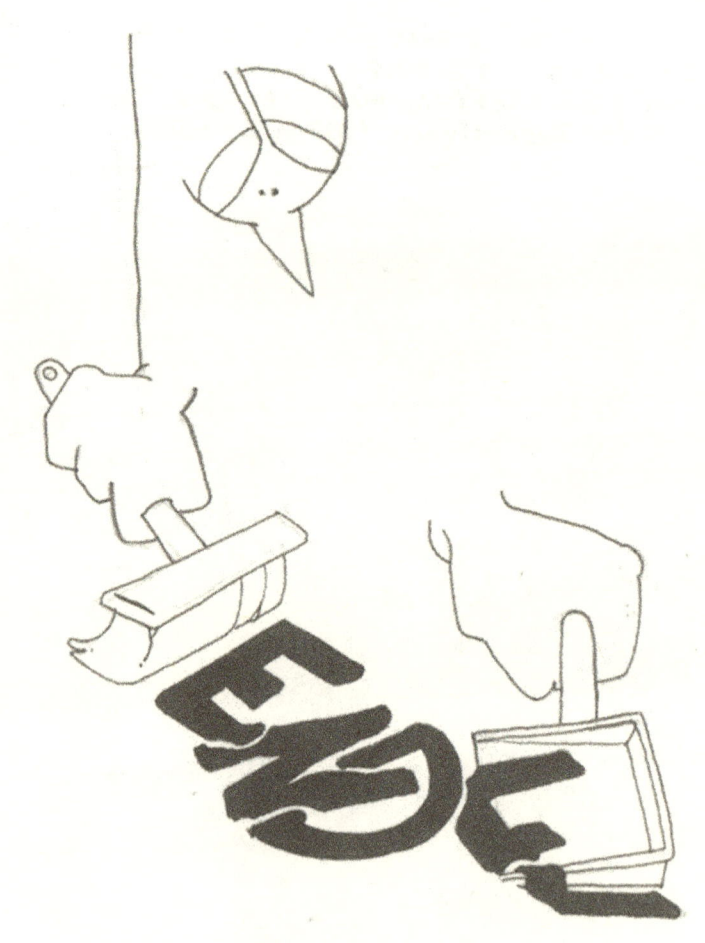

Die Party am Ende, doch nicht das Leben.
Klaus Schrott ist wieder arbeitslos.
Ein Zoodirektor kommt ihm entgegen.
Es gibt 'ne Stelle, nur nicht als Boß.

Reinigen, ein wenig putzen, kehren
für 12 Mark die Stunde, gar nicht schlecht.
Von Tierfutter darf man sich ernähren.
Das findet Klaus allerdings gerecht.

Auf seine Erfahrung ist Rücksicht genommen,
deshalb entfällt die Probezeit.
Ab heute hat er schon begonnen —
Zu Überstunden gern bereit?

Den großen Bären soll er mitnehmen.
Für die Jungtiere sucht man noch Aufsicht.
Die jungen Bärchen kommen aus Bremen.
Montag beginnt der Unterricht.

Einen Job gibt's auch für den Zugführer.
Er hat den Staplerfahrausweis,
Vielleicht Erfahrung im Umgang mit Hühnern?
Bitte Eier mitnehmen, als Nachweis.

Klaus wird morgen 30.
Er hat schon einen neuen Job,
nach wie vor ganz fleißig,
Von Opa immer noch viel Lob.

Im Zoo ist's besser als am Bau,
denn Affen waren wir früher selbst.
Nur manche stammen von der Sau,
geschwiegen von dem Rest.

Für neue Jobs bleibt der Klaus offen.
Seine Adresse stellen wir gern bereit:
Eine kleine Stadt zwischen 2 Bahnhöfen.
An Klaus Schrott — das reicht.

Die Autoren

Borjé
kenne ich aus Heidelberg. Er hat viele Namen: Alex, Alexander, Shura, Sascha und seit neustem Olexa. Den letzten Namen hat Herr Scholz sich ausgedacht. Das ist mein Name anders herum mit einem „O". Das kommt von Olexandr. So stehts im Pass. Dann muß es wohl stimmen. Ich sag immer Alex. Wenn der Kai oder die Jungs vom Brückenaward dabei sind, dann sag ich immer Borjé. Alex habe ich zum erstenmal in Heidelberg getroffen. Ich hatte gerade 2 Musikkassetten in der Hand, die Borjé gesucht hat. Die hab ich ihm in die Hand gedrückt. Darauf ist Borjé immer abends zu mir zu Besuch gekommen. Ich hab dann immer gekocht. Rotkohl zum Beispiel. Ursprünglich kommt Alex aber aus der Ukraine. Da war ich auch zwei mal mit. Die sind gastfreundlich die Ukrainer. Wahnsinn. Ich habe 7 Jahre lang mit Alex in einer WG in Mannheim gelebt. Wir haben viel gemalt und geschrieben in der Zeit. Dabei sind wir gar nicht so die Künstler. Wir haben zu der Zeit sehr viel in Fabriken gearbeitet und waren echt dünn. Borjé ist Schreiner und hat seine ganze Wohnung mit selbstgebauten, edel verzierten Schränken verschönert. Also kubikmeterweise. Im kleinen Fahrradkeller hat er sich eine professionelle Schreinerei reingebaut. Unfassbar. Der Alex hat eine wahnsinnig gutes Gedächtnis. Er weiß alle Dinge, die er mal gehört hat. Er hat zu Kalendertagen immer Verbindungen zu historischen Ereignissen. Wir sind auch oft zusammen aufgetreten. Meistens nur in der Fußgängerzone, aber auch mal auf großen Festivals. Das alles hätte ich nicht getan, wenn Borjé nicht so ein begnadeter Dichter wäre. Sonst hätte ich nicht all seine Gedichte illustriert. Klaus Schrott war Gopis Idee. Deshalb ist das auch so gut. So sehe ich das alles. Letztens hat Borjé geheiratet. Seine Frau sagt immer Sascha zu ihm. Das finde ich allerdings komisch. Sascha?

Äxel

Ich singe gute Lieder und heiße Pico Lo. Meine Platte „Träume im Sommerwind", die könnt ihr kostenlos auf Spotify hören oder auf www.klaus-schrott.de anschauen. Die Seite habe ich damals für Klaus Schrott gebaut, aber Musik ist auch schön. Ich trage gern Pullover, wo das T-Shirt unten raus guckt. Aber so langsam habe ich das Gefühl, daß das gar nicht so gut aussieht. Lange Haare hab ich gekriegt. Ich male.

Borjé & Äxel

Klaus Schrott sucht Gott

Borjé & Äxel

Klaus Schrott und die Frauen

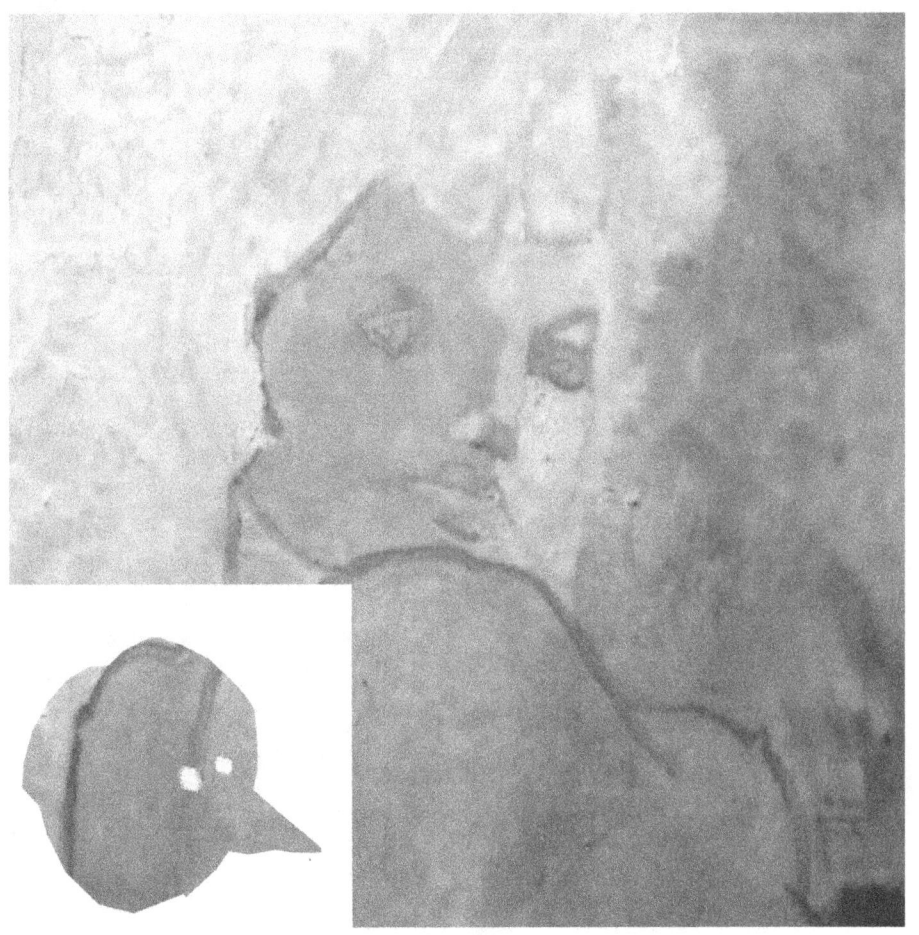

Acknowledgements

No part of this book may be reproduced, stored
in retrieval system,
or transmitted in any form or by any means, electronic,
mechanical,
photocopying, microfilming, recording, or otherwise,
without prior permission from
Bernd E. Scholz.
This applies in particular to reproduction, distribution,
performance, alteration, translation, microfilming and storage
and/or
processing in electronic systems, including databases and
online services.

Kein Teil dieses Buchs darf ohne vorherige schriftliche Zustimmung
von
Bernd E. Scholz
in irgendeiner Form durch Fotokopie, Mikrofilm oder andere
Verfahren
reproduziert oder unter Verwendung elektronischer Systeme
verarbeitet,
vervielfältigt oder verbreitet werden. Das gilt insbesondere für
Vervielfältigung, Aufführung, Verbreitung, Bearbeitung,
Übersetzung,
Mikroverfilmung und die Einspeicherung
und/oder Verarbeitung in elektronischen Systemen.

....

By the cartoons of AXEL PELZ (»Äxel«)
OLEXA NUDELMAN (»Borjé«) was inspired
with his mixing of Russian-German verses

© ALL RIGHTS OF THE GERMAN EDITION ARE EXPRESSLY RESERVED
BY
© 2017 Bernd E. Scholz • D-35096 Weimar (Lahn) • Germany
(http://www.bernd-von-der-walge.de)

Edition, typesetting and design Bernd E. Scholz
2017 Printed by CreateSpace (Charleston, SC, USA)

As »Book on Demand« available at
Amazon ASIN: XXXX0000
http://www.amazon.de/

First edition
Blaue Hörner Verlag (Bernd E. Scholz), Marburg 2001
(ISBN 3-926385-30-8)

Thouroughly revised and enlarged second edition
ISBN 978-3-926385-58-1 (Bernd E. Scholz)

www.ingramcontent.com/pod-product-compliance
Lightning Source LLC
Chambersburg PA
CBHW031410040426
42444CB00005B/498